Karin Pfeiffer

AUFSATZ Trainer

Ganz einfach bessere Aufsätze schreiben

Stolz Verlag, Düren
Edition Lendersdorfer Traumfabrik

Genie ist Übung.

Begabungen fallen nicht vom Himmel.
Sie müssen gepflegt werden.
Genie ist Übung.
Wer hat das einmal gesagt?

Und jetzt passt mal alle auf:
Schreiben lernt man durch Schreiben.
Aufsatzschreiben lernt man durch Aufsatzschreiben
Übung macht den Aufsatzmeister.

Lest die Geschichte von Annika.
Ihr findet sie auf Seite 25.
Wollt ihr auch so schreiben können?

Dann fangt an.

Und das alles ist hier drin:

◆ Wie fange ich nur an?

Anna sitzt vor dem leeren Papier. Die Tinte an der Feder trocknet ein.
Ein paarmal setzt sie an, hält aber immer wieder inne. Sie findet einfach keinen Anfang. Geht dir das auch oft so?
Ich kenne eine Frau, die schreibt sehr viel. Sie schreibt Briefe an Freunde und Bekannte. Sie schreibt Tagebuch. Sie schreibt für Zeitungen. Sie schreibt sogar Bücher. Ich habe sie gefragt, wie sie das macht. Sie sagte: „Früher habe ich auch lange da gesessen, bis ich das erste Wort, den ersten Satz fand. Heute ist das anders."
„Was ist anders?", wollte ich wissen.
Die Frau sagte: „Ich fange einfach mitten drin an."

Am besten lernst du durch Beispiele. Schau nach, wie die anderen das machen, die großen und die kleinen Dichter. Nimm dein Schullesebuch zur Hand. Wie fangen die Geschichten an?
Gehe in die Schulbibliothek und nimm einige Bücher aus den Regalen.
Wie fangen die Erzählungen und Romane an?
Schreibe aus drei verschiedenen Geschichten die ersten zwei bis drei Sätze hier auf.

Der Aufsatz-Trainer Best.-Nr. 066

Stolz Verlag

◆ Ein guter Schluss ist wichtig

„Und jetzt lauft, so schnell ihr könnt!“, sagte die Lehrerin. Dunkle Wolken flogen aus dem Westen daher, Donner grollte von ferne. Ich lief, bis die Kehle brannte und meine Knie weich wurden. Erste Tropfen fielen. Sie klatschten auf meine nackten Oberarme. Bis nach Hause würde ich es nicht schaffen. Das war zu weit. Ich flüchtete unter ein Scheunendach. Da fing es richtig an.
Ich beobachtete, wie die schweren Tropfen auf den staubigen Boden fielen und kleine Krater bildeten. Auf einmal schüttete es aus allen Eimern. Ganz dunkel wurde es. Ich setzte mich auf einen Heuballen und schaute zum Himmel. Es gluckerte in der Dachrinne. Wie ein Vorhang fiel das Wasser herunter. Längst war alles draußen durchnässt. Kleine Rinnsale bildeten sich. Ich sah einen Käfer, der in ein solches Rinnsal geraten war. Er strampelte und wurde hilflos fortgerissen. Für das kleine Insekt war das Rinnsal ein reißender Fluss. Blitz und Donner hatten sich in die Ferne verzogen, aber der Regen hörte nicht auf. Endlos trommelten die Tropfen auf das Dach. Ob sie wohl von ihrer weiten Reise erzählten? Weil ich keine Uhr bei mir hatte, wusste ich nicht, wie lange ich schon da saß. Ich begann mich zu langweilen.
Endlich klarte der Himmel auf und ich konnte meinen Unterstand verlassen.

Der Aufsatz kann hier zu Ende sein. Du kannst aber auch weiterfabulieren.
Ich stelle dir unten zwei Möglichkeiten vor – so könnte man schreiben. Aber es gibt ja noch viel mehr Möglichkeiten! Meine Aufgabe für dich: Suche einen eigenen Schluss für die Geschichte und schreibe ihn unten auf.

1. Ich lief nach Hause. Die Mutter wartete schon. Sie hatte sich Sorgen gemacht. „Warum hast du nicht die Regenjacke angezogen?“, wunderte sie sich. Ich schaute sie fragend an. Sie lachte: „Die habe ich dir heute morgen in die Schultasche gesteckt!“ Tatsächlich, die Regenjacke war in meiner Schultasche. „Mama!“, rief ich, „und das sagst du mir jetzt!“

2. Als ich nach Hause ging, beschloss ich die Sprache der Regentropfen zu lernen. Dann können mir einige Stunden unter einem Scheunendach bei Regen nicht mehr langweilig werden.

3.

Der Aufsatz-Trainer Best.-Nr. 066

LENDERSDORFER TRAUMFABRIK
Stolz Verlag

◆ Die Gegenwart

Margret und Jens lernen am Computer. Sie üben für Mathe. Zuerst Margret, dann Jens, dann wieder Margret. Sie wechseln sich ab, und das klappt prima. Jens hat keine Lust mehr zu rechnen und beginnt etwas auf dem Bildschirm zu zeichnen. Geschickt geht er mit der Maus um. Schon nach einigen Minuten entsteht eine seltsame Figur.

„Was ist das?“, fragt Margret. „Es sieht aus wie ein Kaktus.“

Jens sagt: „Das ist ein Känguru.“

„Es sieht aber aus wie ein Kaktus.“

„Okay“, lacht Jens. „Nennen wir es ‘Kakturu’. Ich male es grün.“

Peter Stolz

Die Kinder sitzen vor dem Bildschirm und lachen.

Auf einmal bewegt sich das Kakturu und sagt: „Ich lasse mich nicht auslachen!“

Dann hüpft es aus dem Bildschirm heraus auf den Schreibtisch.

Erzählungen können in der Gegenwart stehen. Das klingt dann besonders aufregend, als ob es wirklich jetzt passiert.

Wenn du dich für die Gegenwart entscheidest, musst du aufpassen, dass du auch in der Gegenwart bleibst. Lies deinen Aufsatz nach dem Schreiben immer aufmerksam durch und suche nach Zeitenwechseln.

Unterstreiche im obigen Text die Verben. Schreibe sie hier auf:

lernen,

____

____

In folgendem Text wechselt die Zeit. Finde die Verben in der Vergangenheit heraus und unterstreiche sie. Schreibe den Text neu. Übertrage die Vergangenheitsformen in die Gegenwart.

Anna macht den rosa Ranzen auf, dreht ihn um und kippte alles auf den Boden.

„Was machst du denn da?“, fragt der Papa. Er stand in der offenen Zimmertür.

„Ich räume meine Schultasche aus“, faucht Anna.

„Sonderbare Methode“, sagt der Papa. „Soll ich mit dem Staubsauger kommen und nachhelfen?“

____

____

____

____

____

Der Aufsatz-Trainer Best.-Nr. 066

LENDERSDORFER TRAUMFABRIK

Stolz Verlag

◆ Die Vergangenheit

Vor einem Mauseloch lauerte eine Katze. Still saß sie da und bewegte sich nicht. Die Mäuse waren hungrig, aber sie wagten sich nicht aus dem Loch heraus. Da hatte die Mäusemutter eine Idee. Sie fing an zu bellen: „Wau, wau, wau!" Die Katze erschrak heftig und lief auf und davon. Endlich konnten die Mäuse aus dem Loch heraus. Die Mäusemutter aber sagte stolz zu ihren Kindern: „Jetzt wisst ihr, weshalb es wichtig ist, mindestens eine Fremdsprache zu lernen!"

Die Vergangenheit ist die meistbenutzte Erzählform.
Unterstreiche in dem Text oben alle Verben, die in der Vergangenheit stehen.
Vorsicht! Die Verben in der wörtlichen Rede gehören nicht dazu.
Schreibe die Verben hier auf:

lauerte,

Der folgende Text steht in der Gegenwart. Markiere die Verben in der Gegenwart farbig.
Übertrage dann den Text in die Vergangenheit. Schreibe in dein Heft.

Das Tintenfässchen muss uralt sein. Das Etikett ist vergilbt. Anna buchstabiert mühsam: „Tinte, königsblau". Der Deckel sitzt bombenfest. Anna müht sich damit ab. Die Finger werden rot und tun weh. Da fällt ihr ein, wie Mutti das macht, wenn der Deckel von einem Glas zu fest sitzt. Sie deckt erst ein Geschirrtuch über den Verschluss und dreht dann. Anna versucht es mit einem Taschentuch: es klappt! Das Tintenfässchen ist offen. Anna taucht den Füller hinein. Fffff! macht es da plötzlich. Eine kleine blaue Wolke steigt aus der Öffnung. Anna lässt vor Schreck den Füller fallen. Der rollt über den Tisch und scheppert auf den Boden.
Die Wolke ist nämlich ein Geist. Der Geist aus dem Tintenfass setzt sich mitten auf Seite siebenunddreißig im Sprachbuch.
„Dir zu Diensten!", sagt er und verschränkt die Arme.
„Wie bitte?", stottert Anna.
„Dir zu Diensten!", wiederholt der Tintengeist. Er macht es sich jetzt im Sprachbuch so richtig bequem.

Der Aufsatz-Trainer Best.-Nr. 066
LENDERSDORFER TRAUMFABRIK
Stolz Verlag

◆ Den Text lebendig machen

Ingo erzählte zu Hause von Hardy. Einmal hatte dieser Ingos Radiergummi zerbrochen. Ein andermal hatte er Ingo beschimpft und verprügelt. Eines Tages kam Ingo mit der abgebrochenen Fahrradlampe nach Hause. Jetzt reichte es der Mutter. Sie fragte nach Hardys Adresse. Noch vor dem Mittagessen machten sie sich auf den Weg zu dem Haus, in dem dieser Hardy wohnen sollte. Das Rad nahmen sie mit. Ingo schlich langsam hinter seiner Mutter her. Diese wurde ganz ungeduldig und schimpfte ihn aus.

Na? Spannend? Möchtest du weiterlesen?
Wahrscheinlich nicht. Dieser Text ist langweilig. Warum?
Aha! Lebendig wird ein Text nämlich erst durch die →

Lasse in deinem Erlebnisaufsatz die Personen selbst sprechen!
Schreibe jetzt den Text neu, wähle dazu Teile der wörtlichen Rede aus dem Kästchen aus.
Füge sie entsprechend ein. Du darfst den Text kürzen! Wähle aus.

erzählen, jammern, klagen, entsetzt ausrufen, schimpfen, beschließen, wissen wollen, rot im Gesicht werden vor Zorn, erregt fragen, befehlen, sich umdrehen nach ..., drängen

„Mein Klassenkamerad Hardy, das ist vielleicht einer!“
„Hardy hat meinen Radiergummi zerbrochen!“
„Hardy hat mich Affe genannt!“
„Hardy hat mich verprügelt!“
„Hardy hat die Fahrradlampe abgerissen!“
„Das schöne neue Fahrrad!“
„Das darf Hardy aber nicht!“
„Wo wohnt denn dieser Hardy?
„Nimm dein Rad mit!“
„Wo bleibst du denn so lang?“
„Trödle nicht so herum!“

Ingo kam nach Hause und erzählte: „Mein Klassenkamerad Hardy, das ist vielleicht einer!“ Dann nahm er den Radiergummi aus der Tasche. „Er hat meinen Radiergummi ...“

Der Aufsatz-Trainer Best.-Nr. 066

Stolz Verlag

6

Die wörtliche Rede II

◆ Wenn alle etwas zu *sagen* haben

Emil **sagte**: „Hat Gustav das Buch genommen?“
Nina **sagte**: „Nein, ich glaube nicht.“
Rolf **sagte**: „Gleich am ersten Tag sind wir auf den Dreitausender gewandert.“
Margit **sagte**: „Psst! Hast du das auch gehört?“
Wolfi **sagte**: „Ja, i-i-ich, glaube, da-da-das ist ein Ge-Gespenst.“
Das Kind **sagte**: „Mamaaaaaaa! Der Bernd hat mir den Lutscher weggenommen!“
Der Schulleiter **sagte**: „Meine sehr verehrten Damen und Herren! Ich freue mich, dass Sie heute so zahlreich erschienen sind.“
Er **sagte**: „Wir begehen heute den 50. Geburtstag unserer Schule.“
Der Junge **sagte**: „Ich kann mich mit den Zehen am Kopf kratzen.“
Die Mutter **sagte**: „Musst du immer die Tischdecke vollkleckern?“
Die Freundinnen **sagten**: „Hast du das Kleid von der Marlene gesehen?“

Nun, wie ist das, wenn alle etwas ***sagen****???*
Hier sind Wörter, die du statt ***sagen*** *einsetzen kannst:*

prahlen, tuscheln, fragen, antworten, erwidern, schimpfen, murren, tadeln, erzählen, berichten, klagen, plärren, rufen, vortragen, das Wort ergreifen, flüstern, wispern, lallen, stottern, fortfahren, lügen

Nimm dein Heft und schreibe die Sätze jetzt neu.
Wähle dazu je ein passendes Verb und setze es statt ***sagte*** *ein.*
Es bleiben zehn Verben übrig. Suche fünf davon heraus und denke dir selbst Sätze mit wörtlicher Rede aus. Schreibe sie auf diese Zeilen.

Der Aufsatz-Trainer Best.-Nr. 066
LENDERSDORFER TRAUMFABRIK
Stolz Verlag

In die richtige Reihenfolge bringen

◆ Wie spielt man Frieden?

- [ ] Sie zogen sich an einer Mauer zurück und berieten eine Weile miteinander.
- [ ] Die Kinder stutzten.
- [ ] Mit Stöcken und gellenden Schreien rannten sie aufeinander los.
- [ ] Ein alter Mann ging über einen freien Platz.
- [ ] Dann ging er zu ihnen und sagte bittend: „Spielt doch nicht Krieg, Kinder!“
- [ ] Ein Kind fragte ihn: „Wie spielt man Frieden?“
- [ ] Dann kamen sie wieder zu dem Mann.
- [ ] Nachdenklich stand der Mann eine Weile da und schaute den Kindern zu.
- [ ] Weil die Stimme des Mannes so bitter klang, waren sie betroffen.
- [ ] Er beobachtete Kinder, die „Krieg“ spielten.

Bringe diesen Text in die richtige Reihenfolge. Das ist nicht ganz einfach.
Wenn es dir große Mühe macht, schreibe Zeile für Zeile auf ein großes Blatt und zerschneide es.
Dann kannst du die Zeilen hin und her schieben, bis du den Text richtig gelegt hast.

Der Aufsatz-Trainer Best.-Nr. 066

z Verlag

Wiederholungen vermeiden

◆ Und dann ... und dann ... und dann ...

Als Lukas von der Schule nach Hause kam, saß die Katze im Baum. Sie rührte sich nicht vom Fleck. Lukas setzte sich auf die Treppe. Und dann sprach er mit der Katze. Und dann zuckte sie mit den Ohren.
Und dann flatterte eine Elster von oben herunter. Und dann kam die Mutter. Sie stieg aus dem Wagen und dann ging Lukas mit ihr ins Haus.
Er machte seine Hausaufgaben. Und dann sah er wieder nach der Katze im Baum.

Nun? Wie gefallen dir diese Zeilen?
Unterstreiche, wie oft und dann vorkommt!
Gefällt dir das nicht? Mir auch nicht. Also müssen wir es ändern! Ersetze jedes „und dann“.
Hier sind Wörter und Wendungen, die dir helfen:

freundlich lockend, dabei, plötzlich, endlich, danach, und anschließend

Schreibe so:

Die Katze rührte sich nicht vom Fleck. Lukas setzte sich auf die Treppe. Freundlich

Der Aufsatz-Trainer Best.-Nr. 066
Stolz Verlag

◆ Wir stellen die Sätze um, damit sie sich besser anhören

Anna legt *am nächsten Tag* den Tintenblumenbrief auf Vaters Schreibtisch.
Anna hat dabei schon *ein bisschen Herzklopfen*.
Der Vater liegt noch im Bett.
Er ist spät zurückgekommen *von seinen Kundenbesuchen*.
Eva stellt Brot und Butter vor Anna hin.
Sie fragt mürrisch: *„Hast du die Hausaufgaben gemacht?“*
Eva fragt *immer* nach Annas Hausaufgaben.
Sie hat aber noch nie *nachgeschaut*.
Sie verschwindet *schon* in Richtung Badezimmer.
Sie steckt *später* den Kopf noch einmal zur Tür herein.

*Wenn die Sätze immer nach demselben Muster beginnen, klingt das unschön.
Dem kannst du abhelfen, wenn du die Satzglieder umstellst.
Schreibe den Text neu. Die kursiv (schräg) gedruckten Wörter kommen an den Satzanfang.
Dabei musst du die Wörter ein bisschen umstellen. Es ist nicht ganz einfach. Versuche es, du schaffst das schon! Schließlich ist alles Übung.*

Am nächsten Tag legt Anna den Tintenblumenbrief auf Vaters Schreibtisch.

...ndersdorfer Traumfabrik
...olz Verlag

Mit Adjektiven „malen“ I

◆ Ein knallroter Luftballon

Sven ist **Fußballspieler**. Er knickt die **Triebe** der Sträucher ab.
Unser **Rektor** betritt die Klasse.
Der **Kaugummi** steckte zwischen den Seiten des **Telefonbuches**.
Das Mädchen hatte die **Leiter** aus dem Keller heraufgeschleppt.
Die **Klinge** des Fahrtenmessers steckte in einer Scheide aus **Leder**.
Die **Frau** stieg an der Haltestelle aus.
In der **Hand** hielt Mama einen **Fächer** aus **Japanpapier**.

Wenn du einen Aufsatz schreibst, solltest du stets daran denken, dass der Leser nicht weiß, wie das Haus, das Bild, das Mädchen usw. aussieht, über das du gerade berichtest. Um das deutlich zu machen, genügt oft ein einziges Wort.
Verbessere die Sätze. Vor die fettgedruckten Substantive kannst du folgende Wörter setzen:

begeistert, jung, streng, klebrig, dick, schwer, glänzend, dunkelbraun, alt, rechte, bunt, fein

Schreibe so:

Sven ist begeisterter Fußballspieler.

13

Mit Adjektiven malen II

◆ Der frohe Erik

Erik war froh. Froh verließ er das Behandlungszimmer. Froh kam er zu Hause an. Froh erzählte er seiner Mutter vom Zahnarztbesuch. Dann machte er sich froh und froh über das Mittagessen her.

Dass Erik f r o h ist, können wir kaum überhören.
Weshalb gefällt es dir trotzdem nicht, dass Erik so froh ist?
Erik soll ruhig vergnügt bleiben, deshalb schreibe jetzt die Geschichte neu.
Setze für f r o h andere Adjektive ein:

glücklich, erleichtert, freudestrahlend, gut gelaunt, vergnügt, munter

Erik war gl

Unsere Sprache hat so viele Wörter. Du musst nur ein bisschen nachdenken, wenn du schreibst.
Unten findest du viele verschiedene Adjektive. Jedes gehört in eine bestimmte Spalte der Tabelle.
Zeichne eine solche Tabelle in dein Heft. Fülle sie mit den Adjektiven.

alt	arm	dick	fleißig

tüchtig, abgebrannt, altertümlich, fett, antik, arbeitsam, ausdauernd, bedürftig, beflissen, beharrlich, behäbig, bejahrt, beleibt, bettelarm, bienenfleißig, drall, ehrgeizig, emsig, feist, füllig, gereift, geschäftig, greis, hilfsbedürftig, hinfällig, hoch betagt, eifrig, klobig, rührig, korpulent, mittellos, mollig, munter, notleidend, pummelig, rastlos, rege, stämmig, stark, steinalt, stetig, strebsam, schäbig unermüdlich, kräftig, unvermögend, üppig, verbissen, verbraucht, vollschlank, wohlgenährt, unverdrossen

Lendersdorfer Traumfabrik
Stolz Verlag

Mit Verben lebendig gestalten I

◆ Im vollbesetzten Bus

Die Schüler *drängen* Meike durch den Mittelgang nach hinten.
drücken, schieben, stoßen

Meike *geht* nach vorn.
sich nach vorn *kämpfen*, sich an den Leuten *vorbeiquetschen*, sich *mühen*

Schreibe die beiden Sätze je viermal. Tausche jedesmal die Verben oder Verbgruppen aus. Schreibe in dein Heft!

Wortfeld „gehen"

laufen, poltern, davonstürzen, schleichen, latschen, stolpern, eilen, tippeln, hinken, trampeln, fliehen, humpeln, rasen, sausen, schreiten, schlendern, sich sputen, trippeln, wandeln, stolzieren, türmen, trotten, hopsen, jagen, springen, rennen, hasten, schlurfen, spazieren, flitzen, bummeln, sich beeilen, tanzen

Zeichne eine Tabelle in dein Heft. Benutze dazu eine Doppelseite.
Trage die Wörter in die richtigen Spalten ein! Manche Verben passen gleichzeitig in zwei Spalten!

schnell gehen	langsam gehen	laut gehen	leise gehen

Welches Wort für *gehen* passt?

Nach dem Sturz ____________ Christian nach Hause.

Die Menschenmenge ____________ in Panik.

In einem rosaroten Ballettkleid ____________ das Mädchen über die Bühne.

In seinem Käfig aus Maschendraht ____________ der Löwe majestätisch auf und ab.

Am Abend ____________ Janna und Micha durch die Altstadt.

Schon fünf nach acht! Stefan ____________ mit wehender Jacke hinaus.

Der Aufsatz-Trainer Best.-Nr. 066
Lendersdorfer Traumfabrik
Stolz Verlag

◆ Die komische „machte-Geschichte“

Morgens machte die Frau am Frühstückstisch und machte die Zeitung. Sie machte, wie eine Männerstimme in der Dachwohnung über ihr machte: „Guten Morgen, du Ofenrohr! Machst du Hunger?“
Die Frau machte sich vor, wie der Mann ein Brötchen mit Butter und Marmelade in das Ofenrohr machte. Sie machte in ihre Zeitung. Dann machte sie die Zeitung auf den Tisch, machte ihre Strickerei aus der Truhe und machte. Ab und zu machte sie Schritte über sich.
Zu Mittag machte die Frau eine Leberknödelsuppe. Die machte sie besonders gern. Als sie den ersten Löffel Suppe zum Mund machte, machte sie wieder die Männerstimme von oben: „Na, du Kaffeemühle, was machst du schon wieder?“

Genug gelacht! Jetzt kannst du zeigen, ob du deine Sprache gut kennst. Hier sind die Verben, die in diesem Text erst Sinn ***machen****. Setze sie an die jeweils richtigen Stellen. Nicht vergessen: Verben in die Vergangenheit setzen! (Gar nicht so einfach. Ich halte dir die Daumen! Du schaffst das schon.)*

essen, führen, haben, hineinstecken, holen, hören, hören, kichern, lauschen, legen, lesen, mögen, sitzen, sprechen, vernehmen, vorstellen, wollen

Morgens saß die Frau am Frühstückstisch und

16 Mit Substantiven spielen I

◆ Zwei Namen für ein und dasselbe

Wie aus dem Boden gewachsen stand die Mutter vor dem *Bett*. „Was ist, willst du heute gar nicht aus dem *Bett*?"

Sven ist zwölf. *Sven* spielt gerne Fußball.

Vater wusch gestern das *Auto*. Dann setzte er das neue *Auto* in die Garage.

Der Kellner brachte die *Suppe*. Alle aßen die *Suppe* mit großem Appetit.

Der *Hund* hob die Pfote. Es war ein kluger *Hund*.

Lies laut. Was gefällt dir nicht?
Richtig. Die doppelten Substantive. Ersetze jedes wiederholte Wort durch ein anderes.
Ich helfe dir dabei:

den Federn, der Junge, Fahrzeug, Vorspeise, (kluge**s**) Tier

Beim Schreiben fällt dir oft nicht auf, dass du dich wiederholst. Das geht auch mir und anderen so. Wenn du nach dem Schreiben deinen Text laut vorliest, merkst du deine Wiederholungen am besten. Unterstreiche dann die Substantive, die du austauschen musst. Schreibe den Aufsatz neu. Schriftsteller lernen Wörter wie Vokabeln auswendig. Oder sie schauen in schlauen Büchern nach. Das kannst du auch. Lies die Beispiele, lerne sie. Bei den letzten vier Substantiven sollst du selbst Begriffe suchen, die man beim Schreiben ersetzen kann. Nimm dazu ein Wörterbuch.

Angst: Furcht, Bestürzung, Todesangst, Schüchternheit, Zaghaftigkeit, Beklommenheit, Lampenfieber

Freude: Heiterkeit, Fröhlichkeit, Vergnügen, Munterkeit, Frohsinn, Glücksgefühl, Glückseligkeit, Hochgefühl

Pferd: Ross, Gaul, Stute, Hengst, Fohlen, Rappe, Schimmel, Klepper, Reitpferd, Rennpferd, Arbeitspferd, Kaltblüter,

Stock: Gerte, Knüppel, Krücke, Prügel, Rute, Stab, Stange, Stecken, Stiel

Haus:

Schuhe:

Wind:

Weg:

Der Aufsatz-Trainer Best.-Nr. 066
Stolz Verlag

◆ Eine seltsame Sache

Die Tage vergingen. Unserer Frau entging nichts. Wenn sie fernsehen wollte, stellte sie den Ton aus und betrachtete nur die Bilder. Das Radio machte sie gar nicht mehr an. Sie schlich auf Socken durch die Wohnung, damit sie ja alles hörte, was in der Wohnung über ihr gesprochen wurde. Der Mann redete viel, und immer benutzte er andere Namen. Die Frau legte eine Liste an. Sie schrieb die Namen alle peinlich genau nieder:

Lampenschirm	**Kartoffelkloß**	**Klobürste**
Gitarrenhals	**Wintermantel**	**Büroklammer**
Brillenetui	**Kohleofen**	**Pappkarton**
Rechenschieber	**Mülltonne**	**Feuerlöscher**
Rasierapparat	**Kanonenkugel**	**Donaudampfer**
Glühbirne	**Schnupfennase**	**Kaffeemaschine**
Benzinkanister	**Teppichfranse**	**Fliegenklatsche**

Dieser Text ist aus einer Geschichte. Die Geschichte handelt von einem Mann, der seinem Kater alle möglichen Namen gibt, nur nicht den wirklichen: Kater.
Der Mann lebt allein mit dem Kater. Er spricht deshalb viel mit dem Tier.
Schlüpfe in die Rolle des Mannes. sprich mit dem Kater. Gib ihm jedesmal einen anderen Namen.
Du kannst die Namen aus der Liste benutzen, du darfst dir auch eigene Namen ausdenken.
Schreibe jetzt 10 witzige Sätze. Die Frau, die unter dem Mann wohnt, schreibt nämlich alles mit.

Komm her, mein kleiner Benzinkanister, lasse dich streicheln!

Wer einen wirklich klaren
Gedanken hat, kann ihn
auch darstellen.
Ist der Geist einmal der
Dinge Herr, folgen
die Worte von selbst.

Michel de Montaigne

Eine Geschichte von Annika

Ein Ufo will Klopapier

Am Montag um die Mittagszeit kam ich ausgehungert von der Schule nach Hause. Ich öffnete die Wohnungstür und schrie: „Mama, wann ist das Essen fertig?" - „Es steht schon fast auf dem Tisch. Geh dir nur noch schnell die Hände waschen!"

Ich schmiss den Schulranzen in eine Ecke und lief ins Badezimmer. Und da passierte es. Ich ließ das Wasser aus dem Hahn laufen. Plötzlich hörte ich ein eigenartiges Summen hinter mir. Erschrocken drehte ich mich um. Hinter mir schwebte ein rotes, waschechtes Ufo. Es fuhr einen Lautsprecher aus und ich bekam eine seltsame, krächzende Stimme zu hören, die sagte: „Wür brüchen Klopüpür!" - „Ihr wollt Klo-Klopapier?", stotterte ich. „Jü", hörte ich wieder die komische Stimme. Schnell holte ich sechs Rollen Klopapier aus dem Badeschränkchen. Da fuhr das Ufo eine Hand aus, und ich gab ihm das Klopapier. Es zog den Lautsprecher und die Hand wieder ein. Dann verschwand es durch die Toilettentür und flog weiter in Richtung Küche.

Entgeistert sauste ich hinterher und sah, wie meine Mutter gerade die Suppe auffüllte. Sie murmelte vor sich hin: „Ich dachte, da wäre etwas Rotes in die Suppe gefallen."

Und ob ihr es glaubt oder nicht, schon der erste Löffel Suppe schmeckte nach Klopapier!

Diese witzige Geschichte stammt von Annika Reinartz, Niederzier (das ist irgendwo zwischen Köln und Aachen). Annika hat diesen Aufsatz geschrieben, als sie im vierten Schuljahr war. Sie liest gern und viel. Aber ebenso gern läuft sie zusammen mit ihren Eltern über zehn Kilometer und weiter. Ich wette, Annika denkt dabei über Ufos nach.

Möchtest du auch so tolle Aufsätze schreiben? Da hilft nur eines: probiere es aus. Und wenn du denkst, dass dir was Tolles gelungen ist, schicke mir deine Geschichte. Vielleicht werde ich sie wie die von Annika in einem Buch veröffentlichen, damit auch andere sie lesen können.

LENDERSDORFER TRAUMFABRIK
Stolz Verlag

3. Die Gegenwart

Verben im Text:
lernen, üben, wechseln, klappt, hat, rechnen, beginnt, zeichnen, geht um, entsteht, ist, fragt, sieht aus, sagt, ist, sieht aus, lacht, nennen, male, sitzen, lachen, bewegt, sagt, lasse, auslachen, hüpft

Der Text mit dem Zeitenwechsel:
Anna macht den rosa Ranzen auf, dreht ihn um und **kippt** alles auf den Boden. „Was machst du denn da?“, fragt der Papa. Er **steht** in der offenen Zimmertür.
„Ich räume meine Schultasche aus“, faucht Anna.
„Sonderbare Methode“, sagt der Papa. „Soll ich mit dem Staubsauger kommen und nachhelfen?“

4. Die Vergangenheit

Verben in der Vergangenheit:
lauerte, saß, bewegte, waren, wagten, hatte, fing, erschrak, lief, konnten, sagte

Der Text in der Vergangenheit:
Das Tintenfässchen musste uralt sein. Das Etikett war vergilbt. Anna buchstabierte mühsam: „Tinte, königsblau“. Der Deckel saß bombenfest. Anna mühte sich damit ab. Die Finger wurden rot und taten weh. Da fiel ihr ein, wie Mutti das machte, wenn der Deckel von einem Glas zu fest saß. Sie deckte erst ein Geschirrtuch über den Verschluss und drehte dann. Anna versuchte es mit einem Taschentuch: es klappte! Das Tintenfässchen war offen. Anna tauchte den Füller hinein. Fffff! machte es da plötzlich. Eine kleine blaue Wolke stieg aus der Öffnung. Anna ließ vor Schreck den Füller fallen. Der rollte über den Tisch und schepperte auf den Boden.
Die Wolke war nämlich ein Geist. Der Geist aus dem Tintenfass setzte sich mitten auf Seite siebenunddreißig im Sprachbuch.
„Dir zu Diensten!“, sagte er und verschränkte die Arme.
„Wie bitte?“, stotterte Anna.
„Dir zu Diensten!“, wiederholte der Tintengeist. Er machte es sich jetzt im Sprachbuch so richtig bequem.

5. Den Text lebendig machen

*Spannend wird ein Text erst durch die **wörtliche Rede**.*

Vorschlag – so könnte dein Text klingen:
Ingo kam nach Hause und erzählte: „Mein Klassenkamerad Hardy, das ist vielleicht einer! Dann nahm er den Radiergummi aus der Tasche. „Er hat meinen Radiergummi zerbrochen“, jammerte er. Ein andermal klagte Ingo: „Hardy hat mich Affe genannt. Und verprügelt hat er mich auch!“ Eines Tages kam Ingo mit der abgebrochenen Fahrradlampe nach Hause. „Hardy hat die Fahrradlampe abgerissen!“ – „Das schöne neue Fahrrad!“, rief die Mutter entsetzt aus. „Das darf Hardy aber nicht!“ Sie fragte erregt: „Wo wohnt denn dieser Hardy?“ Noch vor dem Mittagessen gingen sie zu dem Haus, in dem dieser Hardy wohnen sollte. „Nimm dein Rad mit!“, befahl sie Ingo. Weil er langsam hinter seiner Mutter herschlich, drehte sie sich ungeduldig um und schimpfte: „Trödle nicht so herum!“

6. Wenn alle etwas zu sagen haben

Emil **fragte**: „Hat Gustav das Buch genommen?"
Nina **antwortete**: „Nein, ich glaube nicht."
Rolf **prahlte**: „Gleich am ersten Tag sind wir auf den Dreitausender gewandert."
Margit **wisperte**: „Psst! Hast du das auch gehört?"
Wolfi **stotterte**: „Ja, i-i-ch, gl-glau-glaube, da-da-das ist ein Ge-Gespenst."
Das Kind **plärrte**: „Mamaaaaaaa! Der Bernd hat mir den Lutscher weggenommen!"
Der Schulleiter **ergriff das Wort**: „Meine sehr verehrten Damen und Herren! Ich freue mich, dass Sie heute so zahlreich erschienen sind."
Er **trug vor**: „Wir begehen heute den 50. Geburtstag unserer Schule."
Der Junge **log**: „Ich kann mich mit den Zehen am Kopf kratzen."
Die Mutter **schimpfte**: „Musst du immer die Tischdecke vollkleckern?"
Die Freundinnen **tuschelten**: „Hast du das Kleid von der Marlene gesehen?"

(Diese Vorschläge sind offen. Es können auch andere Lösungen gefunden werden.)

7. Wir verbinden Sätze

Die Katze hockte oben im Baum, als Lukas nach Hause kam.
Er lockte und rief, aber die Katze rührte sich nicht vom Fleck.
Der Junge stellte die Schultasche ab und suchte darin seinen Schlüssel.
Er setzte sich auf die Steintreppe, weil er den Schlüssel nicht fand.
Die Steintreppe war kalt, deshalb setzte sich Lukas auf die Schultasche.
Die Katze kletterte der Elster nach, doch sie kriegte den Vogel nicht.
Beide gingen ins Haus, nachdem die Mutter den Wagen abgestellt hatte.
Lukas aß zu Mittag und machte danach seine Hausaufgaben.

9. Die richtige Reihenfolge

Ein alter Mann ging über einen freien Platz. Er beobachtete Kinder, die „Krieg" spielten.
Mit Stöcken und gellenden Schreien rannten sie aufeinander los.
Nachdenklich stand der Mann eine Weile da und schaute den Kindern zu.
Dann ging er zu ihnen und sagte bittend: „Spielt doch nicht Krieg, Kinder!"
Die Kinder stutzten. Weil die Stimme des Mannes so bitter klang, waren sie betroffen.
Sie zogen sich an einer Mauer zurück und berieten eine Weile miteinander.
Dann kamen sie wieder zu dem Mann. Ein Kind fragte ihn: „Wie spielt man Frieden?"

10. Und dann ... und dann ... und dann ...

Die Katze rührte sich nicht vom Fleck. Lukas setzte sich auf die Treppe. Freundlich lockend sprach er mit der Katze. Dabei zuckte die Katze mit den Ohren.
Plötzlich flatterte eine Elter von oben herunter. Endlich kam die Mutter. Sie stieg aus dem Wagen.
Danach ging Lukas mit ihr ins Haus.
Er machte seine Hausaufgaben. Und anschließend sah er wieder nach der Katze im Baum.

11. Wir stellen Sätze um, damit sie sich besser anhören

Am nächsten Tag legt Anna den Tintenblumenbrief auf Vaters Schreibtisch.
Ein bisschen Herzklopfen hat Anna dabei.
Der Vater liegt noch im Bett.
Von seinen Kundenbesuchen ist er spät zurückgekommen.
Eva stellt Brot und Butter vor Anna hin.
„Hast du die Hausaufgaben gemacht?“ fragt sie mürrisch.
Immer fragt Eva nach Annas Hausaufgaben.
Nachgeschaut aber hat sie noch nie.
Schon verschwindet sie in Richtung Badezimmer.
Später steckt sie den Kopf noch einmal zur Tür herein.

12. Ein knallroter Luftballon

Sven ist *begeisterter* Fußballspieler. Er knickt die *jungen* Triebe der Sträucher ab.
Unser *strenger* Rektor betritt die Klasse.
Der *klebrige* Kaugummi steckte zwischen den Seiten des *dicken* Telefonbuches.
Das Mädchen hatte die *schwere* Leiter aus dem Keller heraufgeschleppt.
Die *glänzende* Klinge des Fahrtenmessers steckte in einer Scheide aus *dunkelbraunem* Leder.
Die *alte* Frau stieg an der Haltestelle aus.
In der *rechten* Hand hielt Mama einen *bunten* Fächer aus *feinem* Japanpapier.

13. Der frohe Erik

Erik war glücklich. Erleichtert verließ er das Behandlungszimmer. Freudestrahlend kam er zu Hause an. Gut gelaunt erzählte er seiner Mutter vom Zahnarztbesuch. Dann machte er sich vergnügt und munter über das Mittagessen her.

alt: altertümlich, antik, bejahrt, gereift, greis, hinfällig, hoch betagt, steinalt, verbraucht, schäbig

arm: abgebrannt, bedürftig, bettelarm, hilfsbedürftig, mittellos, notleidend, unvermögend

dick: behäbig, beleibt, drall, feist, fett, füllig, klobig, korpulent, mollig, pummelig, stämmig, stark, üppig, vollschlank, wohlgenährt

fleißig: arbeitsam, ausdauernd, beflissen, beharrlich, bienenfleißig, ehrgeizig, eifrig, emsig, geschäftig, munter, rastlos, rege, rührig, stetig, strebsam, tüchtig, unermüdlich, unverdrossen, verbissen

Der Aufsatz-Trainer Best.-Nr. 066

LENDERSDORFER TRAUMFABRIK
Stolz Verlag

14. Im vollbesetzten Bus

schnell gehen: laufen, rennen, eilen, fliehen, türmen, rasen, sausen, sich sputen, sich beeilen, flitzen, hasten, jagen, davonstürzen, springen, tanzen
langsam gehen: schlendern, schleichen, wandeln, latschen, bummeln, trippeln, stolpern, tippeln, hinken, humpeln, schreiten, stolzieren, trotten, schlurfen, spazieren
laut gehen: davonstürzen, trampeln, poltern, humpeln, hopsen, springen, schlurfen
leise gehen: fliehen, schleichen, wandeln, spazieren

Nach dem Sturz *humpelte* Christian nach Hause.
Die Menschenmenge *floh* in Panik .
In einem rosaroten Ballettkleid *tanzte* das Mädchen über die Bühne.
In seinem Käfig aus Maschendraht *schritt* der Löwe majestätisch auf und ab.
Am Abend *spazierten* Janna und Micha durch die Altstadt.
Schon fünf nach acht! Stefan *flitzte* mit wehender Jacke hinaus.

15. Die komische „machte-Geschichte“

Morgens *saß* die Frau am Frühstückstisch und *las* die Zeitung. Sie hörte, wie eine Männerstimme in der Dachwohnung über ihr *sprach*: „Guten Morgen, du Ofenrohr! *Hast* du Hunger?“
Die Frau *stellte* sich vor, wie der Mann ein Brötchen mit Butter und Marmelade in das Ofenrohr *hineinsteckte*. Sie *kicherte* in ihre Zeitung. Dann *legte* sie die Zeitung auf den Tisch, *holte* ihre Strickerei aus der Truhe und *lauschte*. Ab und zu *vernahm* sie Schritte über sich.
Zu Mittag *aß* die Frau eine Leberknödelsuppe. Die *mochte* sie besonders gern. Als sie den ersten Löffel Suppe zum Mund *führte*, *hörte* sie wieder die Männerstimme von oben: „Na, du Kaffeemühle, was *willst* du schon wieder?“

16. Zwei Namen für ein und dasselbe

Wie aus dem Boden gewachsen stand die Mutter vor dem *Bett*. „Was ist, willst du heute gar nicht aus den *Federn?“*
Sven ist zwölf. *Der Junge* spielt gerne Fußball.
Vater wusch gestern das *Auto*. Dann setzte er das neue *Fahrzeug* in die Garage.
Der Kellner brachte die *Suppe*. Alle aßen die *Vorspeise* mit großem Appetit.
Der *Hund* hob die Pfote. Es war ein kluges *Tier*.

Der Sündenbock

Silvio ist ein patenter Kumpel. Vor allem ist er ehrlich. Das weiß ich besser als die anderen. Als ich beim Klassenausflug im Kölner Zoo meinen 10-Euro-Schein verloren hatte, fand Silvio ihn unter dem Bussitz und gab ihn mir sofort zurück. Er wollte nicht einmal, dass ich es an die große Glocke hänge. Und als ich zum Mandeloperieren im Krankenhaus lag, war er der Erste, der mich besucht hat.

Nein, ich habe nie etwas gegen Silvio gehabt. Aber es ist sehr praktisch, einen Silvio in der Klasse zu haben, der an allem schuld ist und die Strafen wegsteckt wie andere Kinder Murmeln. Ist die Tafel nicht sauber geputzt, wird Silvio ausgeschimpft. Liegt Papier auf dem Pausenhof verstreut, ist es Silvio gewesen. Herrscht Lärm in der Klasse, ist Silvio der Anstifter. Wenn irgend etwas passiert ist, fragen unsere Lehrer als Erstes: „Silvio, was ist los?“

Eines Morgens kam mitten im Matheunterricht der Rektor in unsere Klasse. Er stürmte herein, ohne überhaupt angeklopft zu haben, begrüßte uns auch nicht wie sonst, sondern stellte sich gleich vor der Tafel auf. Ich war gerade dabei, für die Klasse etwas auszurechnen und sah den Rektor von hinten. Ich bemerkte, dass sein Rücken bebte und die Arme zitterten, als er schrie: „Wer hat die Geldbörse?“ Einunddreißig Köpfe fuhren von den Heften auf. „Wo ist sie?“, donnerte es aus dem bebenden Rücken. Dreißig Köpfe drehten sich siebzig Grad nach rechts, denn ganz hinten rechts an der Wand saß Silvio. Dem entglitt der Füller und kleckste ins Heft. Rot bis an die Haarwurzeln wurde Silvio, aber das war kein Wunder, wie er sich da plötzlich von zweiunddreißig Augenpaaren angestarrt fühlte.

„Komm raus!“, schrie der Rektor. In der Klasse herrschte atemlose Stille.

Satzmuster üben

Ich weiß besser als die anderen, dass Silvio ehrlich ist.
Ich weiß besser als meine Freunde, dass ...
Ich weiß besser als der Lehrer, dass ...

Und jetzt bist du dran. Schreibe auch die Mustersätze ab. Denke dir dann selbst fünf Sätze aus, die genauso anfangen. Die Sätze sollen sich auf den Inhalt der Geschichte beziehen.

Erzähle die Geschichte nach und dichte das Ende dazu.
Erzähle in der Ich-Form. Was wirst du schreiben: dass du Silvio hilfst? Oder hat Silvio zum ersten Mal im Leben den Mut, sich selbst zu wehren? Denke gut nach, bevor du schreibst.

Silvio ist der Sündenbock in der Klasse. Wenn etwas passiert ist, dann glauben alle, Silvio sei schuld daran. Wenn alle etwas glauben, braucht man Mut, etwas dagegen zu sagen. Hast du Mut?

Lendersdorfer Traumfabrik
Stolz Verlag

aus: ***Geschichten zum Weiterdichten**, Geschichten mit Übungen zum Aufsatzschreiben*
Stolz Verlag, Lendersdorfer Traumfabrik, Best.-Nr. 040